D1869964

Wolfgang Küpper (Hrsg.)

Ich wünsch dir einen Engel

Wolfgang Küpper (Hrsg.)

Ich wünsch dir einen Engel

Fotografie: Andreas Beck, Norbert Eisele-Hein, Klaus G. Förg, Udo Haafke, Thomas Jungmann, Paul Mayall, Roland Schick, Kurt Schubert und Ernst Wrba

rosenheimer

Inhalt

Vorwort

Gibt es überhaupt Engel? Wie sehen sie aus? Welche Aufgabe haben sie? Wie kann man mit Engeln in Beziehung treten? Diese und ähnliche Fragen reichen weit in die Religionsgeschichte zurück. Und immer schon haben Menschen plastische Vorstellungen entwickelt, wie Engel beschaffen sein könnten.

Am populärsten ist wohl die Darstellung der Engel als »geflügelte Geistwesen«. Es handelt sich dabei um eine Anlehnung an das griechisch-römische Altertum. Schon damals wurden die Götterboten in Menschengestalt, aber ausgestattet mit Flügeln, abgebildet. Die frühchristliche Kunst hat diese Vorstellung teilweise übernommen. Vom 13. Jahrhundert an tauchen dann, von Italien kommend, die ersten Kinderengel und Putten auf. Seit dem 16. Jahrhundert kennen wir die Schutzengel-Darstellungen.

Die biblischen Texte sind bei der Beschreibung von Engeln erheblich zurückhaltender. Sie sprechen zwar von »Boten Gottes« und von »himmlischen Mächten«, eine konkrete Schilderung der Engelsgestalten aber fehlt weitgehend. Dies können wir Heutige als Ermutigung auffassen, dass wir uns von der putzigen, niedlichen Darstellung pausbackiger, geflügelter Engel im weißen Gewand lösen dürfen. Es geht bei den Engeln – so hat es der Theologe Herbert Vorgrimler formuliert – nicht in erster Linie darum, was es alles an Merkwürdigem »hinter« der sichtbaren Welt »gibt«, sondern um die Frage, »wie Gott in Beziehung zu den Menschen tritt«. Gott rührt Menschen an, etwa durch andere Menschen. Gott offenbart sich nicht durch Phantasiegebilde, sondern er ist ganz konkret als ein Gegenüber zu erfahren. Der Bote

Gottes, der Engel, kann so jedem begegnen, in der Familie, unter Freunden, in der Arbeitswelt.

Die folgenden Texte, die als Gedanken zum Tag in Bayern 1 (Montag bis Freitag, 5.58 Uhr) und in Bayern2Radio (Montag bis Samstag, 7.58 Uhr) zu hören sind, möchten für die gewandelte Vorstellung von den »Engeln« Augen und Ohren öffnen.

Wolfgang Küpper

Zeit bringt Rosen

Zeit bringt Rosen: Man muss lange nachdenken, ehe einem dieser Satz einleuchtet. Ganz andere Ergänzungen kommen uns zunächst in den Sinn … Zeit bringt Kummer, Zeit bringt Enttäuschungen, Zeit bringt Verluste – solche Erfahrungen scheinen uns näher zu liegen als: Zeit bringt Rosen. Unser Anspruchsdenken verstellt uns oft genug den Blick für die kleinen Dinge. Lernen wir aber wieder das Staunen über die Schönheit der Welt, dann sehen wir auch, auf welche Weise Rosen in unser Leben hineinwachsen.

Eine Rose kann in Gestalt eines guten Briefes zu uns kommen. Und wem tut das nicht wohl, wenn ihm jemand schreibt, wieviel er ihm verdankt – auf welche Weise sein Leben sich durch ihn oder sie geändert hat, reicher ge-

worden ist. Und auch das kann wie eine Rose sein, wenn uns jemand überraschend besucht – wir meinten, er habe uns schon längst vergessen oder abgeschrieben. Und was blüht nicht alles während einer Reise-Zeit: durch die Begegnungen mit Menschen, mit Landschaften, mit anderen Ländern. Das Staunen darüber, was einem zuwächst und wie viel sich an vorher Unbekanntem auftut, hört nicht auf.

Zeit bringt Rosen. Man kann es gar nicht besser sagen als so. Und wenn man etwas davon weiß, dass dort, wo Rosen sind, es auch Dornen gibt, dann ist das wahrscheinlich immer eine Sache des Blickwinkels, ob man nur das eine erkennt oder eben beides zusammen: Zu wissen, dass das Leben, dass die Zeit, die uns geschenkt ist, eben einer Rose mit Dornen gleicht, schärft den eigenen Realitätssinn. Als Gott die Zeit gemacht hat, hat er genug davon gemacht – sagt ein irisches Sprichwort. Dann ist es ein langer Weg – und ein langer Weg kennt viele Stationen der Einkehr – um Mensch zu bleiben und nicht Sklave der Zeit zu werden!

Entnommen aus: Johannes Kuhn: Zeit bringt Rosen. © Quell/Gütersloher Verlagshaus, Gütersloh

Mach dein Herz gesund

Schau einmal im Spiegel auf dein eigenes Gesicht. Dahinter wohnst du. Dein Gesicht ist Spiegel deines Inneren. Verträgt dein Gesicht kein Lächeln mehr, dann ist dahinter etwas faul. Dein Herz ist krank. Ein kaltes Gesicht kommt aus einem kalten Herzen. Menschen mit sauren Gesichtern versauern das Leben.
Mach dein Herz gesund. Bring aus deinem Herzen ein Lächeln hervor, auf der Straße, am Schalter, im Büro, bei der Arbeit, zu Hause, einfach weil du es schön findest, einfach so. Mehr als mit dem Verstand denkst du mit dem Herzen. Du siehst die Menschen und die Dinge mit dem Herzen. Alles siehst du mit dem Herzen. Was dein Herz mag, dafür wirst du dich einsetzen mit ganzem Kopf und aller Kraft.
Ideen, Weltanschauung, Politik – dein Herz wählt, wofür du kämpfst. Ein einziges Wort, wenn es nur ins Herz dringt – dann wird das Herz verwandelt. Das alles kann ein Wort werden: eine Geburt, ein Stück Brot für einen neuen Anfang, ein Stern, der vom Himmel fällt.
Jeder, der ein Hindernis wegräumt, und mag es noch so klein sein, auf dass Menschen weitergehen und weiterleben können, tut unendlich mehr als einer, der sich am Hindernis aufstellt und darüber lostrompetet, dass es da ist, dass es nicht da sein sollte und dass es endlich weggeräumt werden müsste. Aber er selbst tut nichts – und gibt anderen die Schuld, dass das Hindernis immer noch daliegt!

Entnommen aus: Phil Bosmans: Worte zum Menschsein. Verlag Herder, Freiburg

Verzeihen

Ich kann hier nicht alles aufzählen, was man tun kann, wenn es Streit gibt. Erfahrene Leute sagen, dass man nicht aus allen Wolken fallen solle, wenn es einmal »blitzt und kracht«, dass man eine schwierige Sache überschlafen möge, dass man warten müsse, bis der andere »ausgekocht« hat, dass man vieles mit Humor nehmen könne.

Noch wichtiger aber wird sein, dass man dem anderen nach einem Streit verzeiht. Man lässt niemanden im Ungewissen, ob man ihm verzeiht oder nicht.

Natürlich kann Verzeihen sehr schwer sein. Nach einem Streit sich mit jemandem zu versöhnen, gelingt nicht jedem auf Anhieb. Man muss zuerst über seinen eigenen Schatten springen. Manchmal kann auch ein anderer helfen. Zu dritt geht es dann besser.

Irgendwo hatte ein Vater Streit mit seinem Sohn. Der Streit endete mit einer schrecklichen Szene, der Vater warf seinen Sohn zur Tür hinaus. »Geh, ich will dich nicht mehr sehen!« Der Riss war da. – Nach einer Weile ging die Tür wieder auf, der Sohn trat ein, ging zum Vater und sagte: »Verzeih mir, Vater!« Und der Vater umarmte ihn voll Freude.
Als der junge Mann nachher gefragt wurde, wie er das fertig gebracht habe, seinen Vater so schnell um Verzeihung zu bitten, sagte er: »In den ersten Momenten meiner Verzweiflung hörte ich die Matthäuspassion von Johann Sebastian Bach. Dabei ist mir die ganze Größe Christi richtig aufgeleuchtet. Und dann konnte ich nicht mehr anders, als einfach hingehen und reinen Tisch machen.«

Entnommen aus: Reinhard Abeln: Was jeder braucht und jeder geben kann. Auer Verlag, Donauwörth

Gott kämpft gegen das Unheil

Hat das eigentlich alles einen Sinn? Ich meine dieses Leben, das uns einerseits so kostbar erscheint und so manche Freude bietet – andererseits aber auch voller Rätsel, Widersprüche, voller Unrecht und Leiden ist.
Der französische Schriftsteller Camus drückt diese Sinnlosigkeit in seinem Buch »Mythos des Sisyphos« so aus: Die Götter haben diesen Sisyphos – und damit ist jeder Mensch gemeint – dazu verurteilt, unablässig einen Felsen auf einen Berg hinaufzurollen. Er müht sich ab, doch alles ist umsonst. Kurz vor dem Ziel überwältigt ihn die Last des Steines, er rollt über ihn hinweg den Hang hinunter … und Sisyphos beginnt von neuem.
Wir wollen jetzt nicht überlegen, warum unser Leben so viel Dissonanzen kennt, warum die Welt nicht besser geschaffen wurde. Das Einzige, was helfen könnte, wäre das Bewusstsein, dass dahinter dennoch ein Sinn steht und dass es einmal anders wird. Wenn wir die Bibel daraufhin befragen, so sagt sie vor allem: Das Leid ist gegen den Willen Gottes in der Welt. Im Schöpfungsbericht heißt es nach jedem Tagewerk, dass alles, was Gott geschaffen hat, gut, ja sehr gut war. Gott will also das Böse, den Schmerz und das Übel nicht; er will leidenschaftlich die Liebe und das Glück. Er kämpft gegen das Unheil, so sehr, dass er sich in diese Welt hineinbegibt, dass er dafür den höchsten Einsatz zu leisten bereit ist: In Christus wird Gott mit dem geplagten Menschen solidarisch. Aus einem Scheitern aber, das im Kreuz seinen Höhepunkt erlebt,

wird Auferstehung. Hier erfahren wir, dass alle Übel zum Besten gewendet werden. Gott kommt trotz des Bösen und durch alle Brüchigkeit des Lebens hindurch dennoch mit der Welt und dem Menschen an ein gutes Ende. Alle Unvollkommenheit, in der wir leben, muss letztlich seiner guten Absicht dienen.

Entnommen aus: Ferdinand Krenzer: Halte deine Seele in die Sonne. © Matthias-Grünewald-Verlag, Mainz, 4. Auflage1996

Wenn ihr nicht werdet wie die Kinder

Es gehört zu den schönsten Augenblicken, wenn Kinder einem etwas schenken. Sie geben aus ihrer kleinen Welt etwas her, das für sie bestimmt von Bedeutung und von großem Wert ist. Sie spüren aber, dass damit Glück und Freude verbunden sind. Da malt ein Kind seine ersten Eindrücke auf ein großes Blatt Papier und verschenkt dieses sein Gemälde großzügig an einen vertrauten Menschen. Da teilt ein anderes Kind seine erhaltenen Süßigkeiten und vernimmt bestimmt schon die ersten feinen Schwingungen des Gutseins.

In diesen seligen Augenblicken gelösten und befreiten Glücks fällt einem das sattsam bekannte und oft vergessene Wort Jesu ein: Wenn ihr nicht werdet wie die Kinder. Mit dieser Aufforderung sind Liebe, Vertrauen, Zuwendung, Spontaneität gemeint, Eigenschaften und Werke, die im Lauf der Jahre verkümmern und gar restlos verraten werden können. Die erschreckende Sachlichkeit des Lebens ebnet sie ein. Dabei ist gerade die so genannte Unsachlichkeit des Kindes das Erregendste an seinem Geheimnis. Da können die Wunder der Überraschungen noch ohne Hemmungen sprudeln und lustig beleben.

Um den Wundern des Lebens immer zu begegnen, ist ein Kind stets hochsensibel für die Fülle eines jeden Augenblicks. In diese Sensibilität gehören Entdecken von Neuland, Erkennen von neuen Zusammenhängen, Ertasten

von Unbekanntem, Begreifen von Geheimnissen, ein ständiges Unterwegssein, ein ruheloses Wandern, ein Rennen und Laufen, ein Klettern und Beobachten.
Kinder lehren uns das Staunen, die große Fähigkeit aller unserer Sinne, mit den Kräften des Herzens aufzunehmen und zu erkennen.

Entnommen aus: Hans Wallhof / Fernand Rausser: Kinder – Boten des Glücks. Ein Stundenbuch. Lahn-Verlag

Gib mir klare Sicht

Als Grundregel gilt, dass die Entscheide des Menschen, die eigentlichen Entscheide, möglichst bei froher Stimmung, in einem Moment inneren Friedens zu treffen sind, während wir bei trauriger, düsterer, pessimistischer Stimmung unsere Entscheide nie ändern sollten. Höchstens können wir dann sagen: »Nein, ich ändere nichts, sondern halte durch, bis der Augenblick kommt, wo ich klarer sehe.«

Treffen wir nie eine neue, wichtige Entscheidung in trüben Stunden, in denen wir unter dem Einfluss des Anklägers stehen, der uns schlecht machen will, der uns Fehlentscheide treffen lassen will, die unseren Lebenshorizont einengen, sodass wir sie dann später bereuen. Innere Regungen zu vernehmen ist nicht leicht und verlangt eine gewisse Beziehung zu der Person, bei der wir uns Wegweisung holen.

Wer in der Liebe zu Gott wächst und ernsthaft nach seiner Berufung sucht, kann nicht irregehen. Er wird vielleicht zuweilen einen falschen unmittelbaren Entscheid treffen, ihn aber dann berichtigen, weil die Liebe zu Gott in ihm vorherrscht. Darum ist die Grundregel für die Wahrnehmung der Berufung die, dem Geist, der in uns ist, Raum zu geben, damit er in uns und mit uns, durch unsere Worte, betet und uns beim Entscheid über die Berufung leitet. Darin wachsen wir auch persönlich. Wir sind zur Liebe berufen, und deshalb ist es so wichtig, dass wir uns ein Lebensprogramm machen und innewerden, dass der Mensch dazu erschaffen ist, über sich hinauszuwachsen, sich zu transzendieren, nach etwas zu suchen, das über ihn hinausliegt, und auf dieser Suche sich selbst zu finden. Kurz, der Mensch ist zum Lieben geschaffen und erkennt sich in der Liebe zu Gott.

Entnommen aus: Carlo M. Martini: Es ist der Herr. Christus begegnen. Verlag Herder, Freiburg

Vor Gott stehen

Das Wort »vor dem Herrn stehen« oder »sich vor Gott stellen« ist in der Bibel nicht selten. Scheinbar einfach, verständlich, um nicht zu sagen, leicht zu übersehen, enthält es eine wichtige Botschaft und schließt besondere Voraussetzungen ein.

Vor jemandem stehen bedeutet, sein Gesprächspartner sein. Ein Ich gegenüber einem Du sein. Der biblische Glaube ist zum Unterschied von allen anderen Religionen wirklich ein Glaube, in dem Gott und der Mensch Gesprächspartner, Verbündete sind. Das Wort »Bund« findet sich in der Bibel sehr oft, es bedeutet einen Vertrag, eine Vereinbarung, eine Vereinbarung zwischen Partnern. Es bedeutet also, dass der Mensch Gottes Partner, Gesprächspartner ist. Der Mensch steht vor Gott.

Um vor Gott zu stehen, mit ihm sprechen, sein Partner sein zu können,

muss der Mensch ein eigenes Selbst haben, ein eigenes Ich. Gesprächspartner sein bedeutet, dass beide Seiten selbstständig sind. Darum ist die Entfaltung der eigenen Persönlichkeit, die Bestätigung des eigenen Wesens eine Bedingung dafür, dass der Mensch ein Gesprächspartner, ein Verbündeter Gottes werden kann. Im Übrigen schließt das Wort »stehen« auch den Begriff »auf eigenen Beinen stehen« ein. Wir wissen, was diese Redewendung bedeutet. Auf eigenen Beinen steht der, der einen eigenen Kopf, eine eigene Meinung, ein eigenes Gefühl hat, der kein Schatten ist, sondern ein Mensch, kein Abbild eines anderen, sondern ein Bild seiner selbst. Vor Gott stehen heißt, auf eigenen Beinen stehen.

Entnommen aus: Ivan Golub: Ich suche Dein Antlitz. Verlag Styria, Graz/Köln

Herr, wo warst Du?

Es ist offenbar so, dass wir unser Verhältnis zu Gott zwischen den Polen der Ferne und der Nähe erleben sollen. Durch die Nähe werden wir gestärkt, durch die Ferne geprüft. Wenn Gottes Nähe sich zu fühlen gibt, ist es leicht, gläubig zu sein; ist Er aber fern, dann wird es Zeit für den nackten Glauben, der nichts hat als das Wort: »Ich lasse Dich nicht!«

Mit der großen Geschichte ist es nicht anders. In früheren Zeiten war, so scheint es, die Welt von Gott voll. Nicht, dass die Menschen besonders gut gewesen wären; es hat Unrecht und Sünde gegeben wie heute. Trotzdem war wohl etwas anders: Das Gute ist aus der Nähe Gottes heraus geschehen, und das Böse wider diese Nähe, und deswegen waren auch Umkehr und Buße so tief. Im Lauf der Zeit wird aber das Herz immer kühler. Die Welt wird immer voller von Sachen; die Stunde bedrängt von immer heftigerem Geschehen – das Dasein aber in seiner Tiefe wird immer leerer. So leer, dass einer, der gescheit war wie wenige und im Innersten verworren wie kaum einer sonst, erklären konnte, Gott »sei tot«. Ein furchtbares Wort! Wie es meistens nachgesagt wird, ist es ja nur Gerede; der es aber zuerst gesagt hat, hat damit das Gefühl der Gottesleere, des Alleinseins im Ganz-Fremden ausgesprochen. Nun spricht die halbe Welt es ihm nach. Wenn aber einmal die Zeit kommt – und sie wird kommen, nachdem die Dunkelheit durchgestanden ist – und der Mensch Gott fragt: »Herr, wo warst Du doch damals?«, dann wird er wieder die Antwort vernehmen: »Euch näher als je!« Vielleicht ist Gott unserer frostigen Zeit näher als dem Barock mit der Pracht seiner Kirchen, dem Mittelalter mit der Fülle seiner Symbole, dem frühen Christentum mit seinem jungen Todesmut; nur empfinden wir es nicht. Er aber erwartet, dass wir nicht sagen: »Wir fühlen keinen Nähe, also ist kein Gott« – sondern dass wir Ihm durch die Ferne hin die Treue halten. Daraus könnte ein Glaube erwachsen, nicht weniger gültig, ja reiner vielleicht, härter jedenfalls, als er in den Zeiten des inneren Reichtums je gewesen ist.

Entnommen aus: Romano Guardini: Den Menschen erkennt nur, wer von Gott weiß, in: Die Annahme seiner selbst/Den Menschen erkennt nur, wer von Gott weiß. 6. Taschenbuchauflage 1999, S. 75f. Matthias-Grünewald-Verlag, Mainz. Alle Autorenrechte liegen bei der Katholischen Akademie in Bayern

Erquickende Stille

Woher kommt es eigentlich, dass ich in einem Zug immer ein leeres Abteil suche? Ähnliches beobachte ich in Lokalen, wo andere Menschen sich möglichst einen Tisch aussuchen, an dem sie allein sind. Sind sie kontaktscheu? Ist es die Angst vor oberflächlichem Geplauder? Oder auch Sehnsucht nach Stille? Wer kennt schon alle denkbaren Motivationen!

Es ist seltsam: Viele Menschen fürchten die Einsamkeit, suchen sie aber gleichzeitig. Besonders Ältere und allein Stehende erfahren sie als die ungewollte eigentliche Wüste und Plage ihres Lebens. Auf die Dauer hilft da keine Ablenkung. Und auch immer neue Freunde und Gesellschaften sind nicht ohne Enttäuschung. Man kann unter vielen erst recht einsam sein.

Wie viele Partnerschaften entstehen aus dem Verlangen, sich gegenseitig aus der Einsamkeit zu lösen, und scheitern dann an der Nichterfüllung dieser unbewussten Erwartung?
Ich las kürzlich, die Einsamkeit sei nur zu überwinden, wenn sie in Stille umgewandelt werde. Dann werde sie nicht mehr als Wüste erfahren, sondern als Lebenskraft. Diese Umwandlung aber geschieht nicht von selbst. Um sie zu erreichen, darf ich mir nicht davonlaufen, sondern muss in mich hineinhorchen. Eine schöne Theorie? Ich meine, das sei erfahrbar. Wenn ich einmal einen Abend frei, keine Lust zum Lesen habe, und einzig mir selbst ausgeliefert bin, dann versuche ich womöglich, mit irgendetwas anderem die Zeit zu vertreiben: Griff zum Telefon, Fernsehen, so vieles ist zur Hand ... Bringe ich aber die Kraft auf, das Alleinsein zu ertragen, ja es zu genießen, bin ich mir dadurch jedes Mal näher gekommen; womöglich auch anderen Menschen, näher als durch ein Telefonat. Von Gott gar nicht zu reden: Seine Nähe kann ich nicht erfahren, wenn ich nicht bei mir zu Hause bin.
Die Stille macht fähig, wieder ausgeglichener zu sein. Von Jesus berichten die Evangelien, dass er sich oft in die Einsamkeit zurückzog. Man muss die Einsamkeit bejahen, wenn sie zur erquickenden Stille werden soll. Ich wünschte, ich könnte mich öfters dazu entschließen. Es wäre ein Gewinn für den ganzen Tag.

Entnommen aus: Ferdinand Krenzer: Oasen im Alltag. © Matthias-Grünewald-Verlag, Mainz, 3. Auflage 1998

Gott zeigt dir sein Angesicht

Ich lebe davon, wie ich angeschaut werde. Ich gewinne Ansehen, indem man nach mir sieht. Es wäre schlimm, wenn ich immer übersehen würde. Denn der Mensch ist ein Angeschauter.

Ich denke an das Bild von Emil Nolde »Der große Gärtner«. Der Gärtner beugt sich über eine Blume. Er schaut sie an und berührt sie zärtlich. Und zwischen den dunklen Blüten leuchtet die Blume auf im leuchtenden Gelb. Das Gesicht des Gärtners spiegelt die Farbe der Blüte wider. Oder leuchtet die Blume vom Goldgelb des Antlitzes?

Für mich ist interessant, dass Biologen mit feinsten Meßgeräten festgestellt haben, dass Zimmerblumen besser gedeihen, wenn man sie nicht nur gießt, sondern öfters nach ihnen schaut. Alles, was lebt, will angeschaut sein.

Der Mensch ist ein Angeschauter. Heinrich Spaemann beschreibt das so: Wer als Kleinkind erlebte, wie sich ihm in treuer Verlässlichkeit beim Gestilltwerden das liebende Gesicht der Mutter zuwandte, zu dem sich alsbald das des Vaters gesellte, wer auf solche Weise heranwächst zu einer Zeit, wo sein Appetit noch ungeteilt Geschmack am Leben fand, der wird einmal später als gläubiger Mensch zuinnerst von dem Wort bewegt sein: »Der Herr segne und behüte dich! Er zeige dir sein Angesicht und erbarme sich deiner! Er wende dir sein Antlitz zu und schenke dir den Frieden!« (Num 6, 22–27)

Seit Jahrtausenden zeigt sich Gottes Güte und Zuneigung mit diesen Worten. Die Bibel verspricht uns Menschen immer wieder, dass Gott sein Angesicht nicht von uns abwendet. Er schaut nach uns. Und wenn alle Menschen uns übersehen, Gott behält uns im Blick. So sagt der Psalm 33: »Vom Himmel herab blickt der Herr. Er sieht auf alle Menschen. Er schaut auf alle, die auf Erden wohnen. Der ihre Herzen gebildet, hat Acht auf all ihre Taten. Das Auge des Herrn ruht auf allen.«

Entnommen aus: Erich Purk: Mein Herz denkt an dein Wort. Verlag Herder, Freiburg

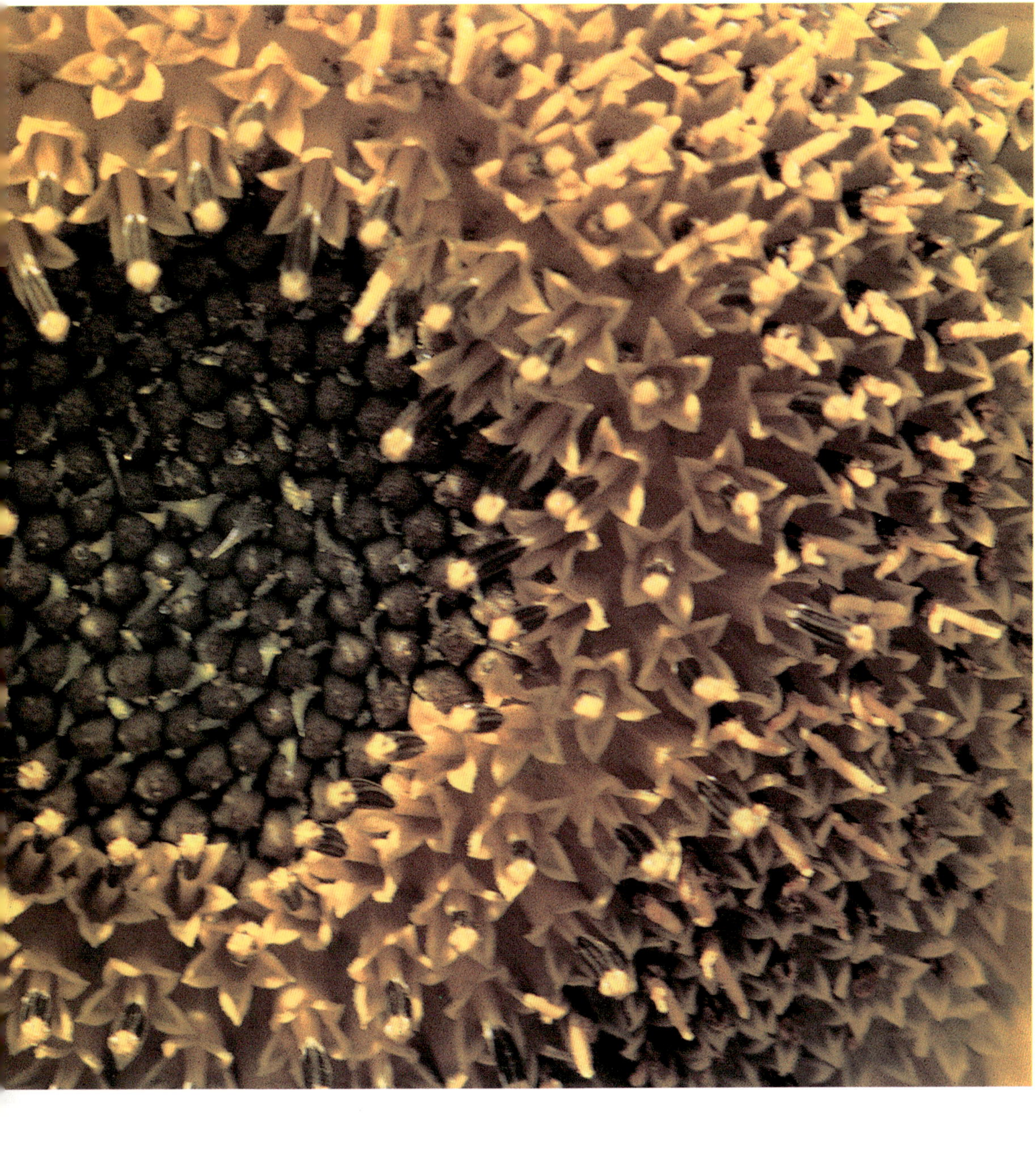

Jeder braucht Zuwendung

Der Mensch kann auf vieles verzichten. Aber etwas gibt es, ohne das er nicht wirklich leben kann – gleich ob wir es Liebe, Wärme, Geborgenheit, Angenommensein, Freundschaft, Güte, Trost, Vertrauen oder sonstwie nennen. Jeder braucht dieses eine, und jeder kann es gewähren ... Kein Terminkalender sollte uns daran hindern, dem Mitmenschen liebend zu begegnen und ihm das zu geben, was er dringend braucht: unsere Zeit, unsere Zuwendung ...
Es sei hier erinnert an den Ratsuchenden, der zu Ekkehard (900–973), dem Mönch von St. Gallen, mit der Frage kam, welches für ihn der bedeutendste Mensch in seinem Leben, welches die wichtigste Stunde und welches der wichtigste Tag sei. Darauf antwortete Ekkehard: »Der bedeutendste Mensch ist der, der dir jetzt gegenübertritt. Die wichtigste Stunde im Leben ist die jetzige, die notwendigste Tat ist die Tat der Liebe, die du jetzt tun kannst. Morgen könnte es zu spät sein.«
Zwar lebt jeder Mensch unter vielen anderen Menschen, aber man kann mitten unter ihnen einsam und sprachlos werden. Jeder braucht einen, der »um ihn herum« ist, der ihn mitträgt, der mit ihm geht, kurz: der ihn liebt. Kritisch wird es, wenn jemand mit dem Kranken am Teich Bethesda klagen muss: »Ich habe keinen Menschen.« ... Was der Mensch braucht, ist ein »hörendes Herz«, innere Beweglichkeit und vor allem die notwendige Zeit. »Liebe«, sagt Augustinus, »und dann tu, was du willst.«

Reinhard Abeln

Maß halten

Das eigene Maß ist uns wie eine Richtschnur eingeboren. Wer zu viel gegessen hat, spürt bald danach ein Unbehagen. Mehr noch, statt unsere Kräfte zu steigern, werden sie durch zu viel Nahrung geschwächt. Umgekehrt strömen uns an Fastentagen neue und weitere Energien zu, als sollte für das freiwillig Entbehrte ein Ausgleich geschaffen werden. Jedoch können wir uns, da in jeder Hinsicht maßeingestellt, auch geistig oder seelisch »überfressen«, etwa durch allzu viel Lesen oder durch allzu viel Fernsehen.

Nach dem Maß sind wir bemessen, gemäß unseren wahren und ganzheitlichen Bedürfnissen. Auf diese Weise stehen wir in der Weltharmonie und sollen sie durch harmonisches Verhalten in allen Lebenslagen festigen helfen. Das Maß ist jene Anteilswaage, auf der wir gegenüber allen anderen Men-

schen und Lebewesen ausgewogen werden. An keinem Tage sollen wir mehr beanspruchen, als uns zusteht. Unser Maß ist einerseits in die Weltgerechtigkeit, andererseits in die eigene Mitte eingesenkt. Mit ihm haben wir einen Ariadnefaden im glitzernden Labyrinth der Konsumgesellschaft, die uns immer mehr Bedürfnisse aufreden will. Der Weg zum Maß heißt Mäßigung. Doch Weg und Ziel sind hier nicht gleichbedeutend. Wir finden zu uns selbst, wenn wir unser Maß gefunden haben. Es ist ebenso elastisch wie unser Lebensrhythmus. Wir brauchen beispielsweise nicht ständig dieselbe Portion zu essen. In der einen Woche kann es mehr, in der anderen weniger sein. Das Maß folgt dem Auf und Ab der eigenen Lebenswoge, dem persönlichen Gezeitenwechsel. Es schafft Wohlbefinden und Gesundheit. Jede Maßlosigkeit hingegen gefährdet beide. Sie wirft uns sogleich aus dem Lebensrhythmus. Das Maß ist Wohlgeordnetheit in Harmonie. Es nimmt uns gleichsam an der Hand.

Entnommen aus: Günter Bartsch: Weisheit, die die Erde heilt. Verlag Herder, Freiburg

Über der Zeit stehen

Eine Hilfe, über der Zeit zu stehen und gleichsam »von oben herab« auf die Zeit zu schauen, ist das richtige Spiel. »Spielend« gelangt man beim Spiel in eine andere Zeit. Ist es in der Alltagswelt einundzwanzig Uhr zehn, so ist es in der Sinnenwelt des Spiels die dritte Runde, der vierte Akt, der zweite Kuss. Ja, es scheint sogar, wie Peter Berger sagt, dass man in der rechten Freude des Spiels nicht nur von einer Zeitrechnung in die andere, sondern von der Zeit in die Ewigkeit übergeht. Etwas von der Heiterkeit und dem Ernst des Spiels wirkt von woandersher in den Alltag hinein und lehrt uns leben in der Zeit. Zum Spiel wie zum Leben gehört das Verlieren-Können. Wer sein Leben verliert, wird es gewinnen; wer sein Leben gewinnt, wird es verlieren.
Gilt das nicht auch von der Zeit? Ist nicht vielleicht die Zeit, die wir an einen Menschen »verloren« haben, die einzige, die uns bleibt? »Die Zeit, die du für deine Rose verloren hast, macht deine Rose so kostbar«, lässt Saint-Exupéry den Fuchs zum kleinen Prinzen sagen. Und der kleine Prinz wiederholt, um es sich zu merken: »Die Zeit, die ich für meine Rose verloren habe …« Haben wir keine falsche Angst, gelegentlich Zeit zu verlieren. Hüten wir uns aber, um jeden Preis Zeit zu gewinnen! Es könnte sein, dass wir beim vielen Zeit-Gewinnen ganz vergessen, was wir mit der gewonnenen Zeit anfangen sollten.

Entnommen aus: Niklaus Brantschen: Erfüllter Augenblick – Meditationen für den Alltag. © Patmos Verlag GmbH & Co. KG – Benziger Verlag, Düsseldorf und Zürich

Den eigenen Standpunkt verlassen

Verstehst du mich, fragen wir unseren Gesprächspartner. Wir möchten wissen, ob unsere Gedanken ankommen. Jaja, ich habe dich verstanden, lautet die Antwort. Das Wort »verstehen« meint in solchen Zusammenhängen zwei Dinge: etwas akustisch richtig aufnehmen und Einsicht gewinnen in einen Sachverhalt. Aber das Wort »verstehen« hat noch tiefere Wurzeln. Es meint Folgendes:
Wenn ich den anderen verstehen will, muss ich mich an seinen Platz begeben, mich gleichsam in seine Lebensgeschichte hineinversetzen, in seinen Alltag, in seinen Beruf, in seine Familie, in seine Herkunft. Es braucht nicht nur Einfühlungsvermögen, man muss

auch fähig sein, die eigene sichere Burg zu verlassen. Es braucht ein Stück Selbstlosigkeit. Ich relativiere schon beim Versuch meinen eigenen Standpunkt, meine eigene Welt. Ich lasse eine andere, mir unbekannte Welt zu. Ich akzeptiere im Voraus, dass es andere Standpunkte gibt. Das ist allerdings schon viel in einer Zeit, in der es zwar viel Tourismus, aber wenig Toleranz und Gastfreundschaft gibt.
Verstehen in diesem Sinn ist schwierig, wir kommen schnell an eine Grenze. Nur ansatzweise und für kurze Zeit gelingt es, in eine andere Lebenswelt hineinzustehen. Aber wir sollten es immer wieder tun, nicht aus einem moralischen Imperativ heraus, sondern weil wir so mehr von der Vielfalt und von der Tiefe des menschlichen Lebens erfahren. Wie einseitig und schmal ist doch die Basis unseres eigenen Standpunktes! Geschwisterlichkeit, Solidarität und Liebe haben eine größere Chance, wenn wir sie im eigenen Verstehensprozess verankern.

Bruno Dörig. *© beim Autor*

Ist Liebe nötig?

Es gibt Erfahrungen in unserem Leben, die über das vordergründige Nötige hinausreichen. Blumen sind eigentlich nicht nötig, aber sie sind schön.
Ist Liebe nötig? Man kann sie nicht »gebrauchen«, nicht »verwerten«. Es ist, wie wenn jemand zum anderen sagt: »Ohne dich möchte ich nicht leben. Immer will ich mich für dich einsetzen, immer will ich zuerst fragen: Was ist gut für dich?« – Das alles wird von Grund auf verkehrt, wenn der andere mich einfach als sein Eigentum betrachtet, wenn er das freie Versprechen, ihm zu gehören, in ein Verfügungsrecht verkehrt. Dann belügt er sich selbst, indem er meine Liebe, die ich ihm nur in Freiheit schenken kann, wie eine platte Gegebenheit »gebraucht«. Wir sagen oft: »Du, ich brauch dich.« Das kann gut gemeint sein. Es wird aber ganz schlimm, wenn ich jemanden gebrauche wie eine Zigarette oder ein Geldstück. Dann missbrauche ich ihn.
Ist Liebe nötig? Mehr noch als bei den Blumen und der Musik stoßen wir mit dieser Frage auf eine andere Dimension. Es gibt Erfahrungen, die das vordergründig Nötige weit überschreiten. Wenn wir ihnen folgen, spüren wir auf einmal: Das, von dem wir sagen, »eigentlich nicht nötig«, ist – es klingt paradox – das Allernötigste. Es lässt uns Mensch werden und bleiben.

Entnommen aus: Franz Kamphaus: Was die Stunde geschlagen hat. Verlag Herder, Freiburg

Alles ist Gnade

Altern und Alter: Wie sehr bekommt der alternde Mensch die gesellschaftliche Abwertung zu spüren, oft sogar existenzbedrohend. Immer aber schmerzt die kalte oder doch gedankenlose Undankbarkeit gegenüber einem Glied der Gesellschaft, das bisher redlich seinen Mann, seine Frau gestanden hat.

Schlimmer ist noch, was von innen andrängt. Von dem herbstlichen Baum fallen die Blätter ab: So viele persönliche Beziehungen lockern oder lösen sich; Freunde und gute Bekannte geraten aus dem Gesichtskreis; liebe Angehörige reißt der Tod hinweg. Winterlich kalt weht die Vereinsamung den alten Menschen an.

Hilfreich ist, wenn unsere glaubenden Gemeinden heutzutage in zunehmendem Maß ihre älteren und alten Glieder aufmerksam und freundlich in das Gemeindeleben einbeziehen.

Schwerer bedrückt das Nachlassen der seelischen und geistigen Kräfte. Immer mehr verstärkt sich der deprimierende Eindruck: Ich komme nicht mehr mit. – Ist das in aller Trübsal nicht doch eine gesegnete Stunde, in der, wenn auch recht spät, die Botschaft des Neuen Testaments existentiell anrührt: Nicht durch Werke des Gesetzes, nicht durch eigene Leistung bestehen wir vor dem Herrn, sondern als die Blinden und Lahmen im Geiste, als Bettler und Sünder dürfen wir erfahren: Alles ist Gnade, alles wirkt durch die Gnade!

Entnommen aus: Richard Egenter: Altern und Alter. EOS Verlag, St. Ottilien

Freude kommt heimlich

Rabindranath Tagore, der große indische Poet und Philosoph, erzählte eine Parabel »Der Bettler und der König«: Ich ging als Bettler von Tür zu Tür, die lange Dorfstraße hinunter. Da erschien in der Ferne ein goldener Wagen, traumhaft schön und verlockend, und ich fragte mich, wem wohl dieser Königswagen gehöre? Hoffnung keimte in mir auf, die schlimmen Tage könnten vorbei sein, jetzt Almosen zu bekommen, reiche Gaben dieser Welt einsammeln zu dürfen. Der Wagen hielt an, genau dort, wo ich stand. Der Blick des Königs fiel auf mich. Lächelnd stieg er aus, ging auf mich zu, streckte die Rechte aus und sagte: »Was hast du mir zu schenken?« Ein Scherz von seiten des Königs, schoss es mir durch den Kopf. Wie kann ein König von einem Bettler ein Geschenk erwarten? Ich war verlegen. Unentschlossen stand ich da. Schließlich nahm ich meinen Beutel, entnahm ihm ein winziges Reiskorn und gab es dem König. Wie groß war mein Erstaunen, als ich am Abend meinen Beutel umdrehte und zwischen dem wertlosen Plunder das kleine Reiskorn wiederfand – zu Gold verwandelt! Da fing ich an, bitterlich zu weinen. Es tat mir Leid, dass ich nicht den Mut gehabt hatte, dem König alles zu geben, was ich besaß.
Freude finden wir nicht, indem wir danach suchen, sie kommt heimlich, während wir anderen helfen.

Entnommen aus: Adalbert Ludwig Balling: Gott ans Herz gewachsen. Verlag Herder, Freiburg

Geduld

Dem Ungeduldigen blüht keine Blume. Es sieht gleichsam nur Momentaufnahmen der Wirklichkeit. Für deren Entfaltung fehlt ihm noch das Innehalten. In der Geduld offenbart sich hingegen die Fülle der Schöpfung und der eigenen Möglichkeiten. Sie ist als Nährboden erfahrbar, auf den wir gesetzt und in den wir sogar eingepflanzt sind. Wie sich die Seidenraupe von ihrem Kokon nährt, so der Mensch auch von seiner Zeit, die ihm als unveräußerliches Eigentum mitgegeben wird. In der Redensart, dass jemand »seine Zeit totschlägt«, drückt sich die tiefe Erkenntnis von ihrer Lebendigkeit aus. Sie ist der menschliche Wachstumskokon, ohne den keine Entwicklung und Entfaltung möglich wäre, ja nicht einmal das Leben selbst. Wir bekommen bei der Geburt so viel Vorrat davon mit, wie wir für das ganze Leben

brauchen. Unsere Zeit ist reich bemessen und wächst überdies mit dem inneren Reichtum.

Geduld üben heißt, davon ein Bewusstsein erlangen und dankbar werden. Wir gewinnen dadurch die Fähigkeit, uns in die Wirklichkeitsfülle einzuschwingen und ihrer teilhaftig zu werden. Wer sie nur einmal erlebt hat, fühlt sich für sein ganzes Leben beschenkt. Er hat nun Vertrauen, dass die Zeitnot ein Ausnahmezustand ist und behoben werden könnte. Sie entspringt auch einer Daseinsenge, die solchen Menschen passiert, welche die Schöpfung aus den Augen verlieren oder nicht mehr wahrhaben wollen, obwohl sie von ihr mitgetragen werden.

Wer sehr ungeduldig ist, kann ebenso geduldig werden. Diese Erfahrung steht für jeden Menschen offen. Niemand sollte seine Ungeduld als »schreckliches Laster« oder dergleichen verdammen. Wer sich wirklich ändern will, muss die Ungeduld zunächst einmal annehmen. Dann lässt sie sich auch wandeln, vor allem durch bewusstes Hineinstellen in den Lebensstrom, bis wir ihn fließen sehen. Der Wendepunkt ist genau zu spüren. Ungeduld zehrt an uns, Geduld aber nährt – sie trägt uns der eigenen Mitte entgegen.

Entnommen aus: Günter Bartsch: Weisheit, die die Erde heilt. Verlag Herder, Freiburg

Ja zum Du

In der deutschen Sprache ist das Wort »Liebe« heute einer Degradierung und einer Banalisierung ausgesetzt, die langsam einen Gebrauch unmöglich zu machen scheint. Dennoch: Auf die Urworte Gott, Liebe, Leben, Wahrheit usw. können wir nicht verzichten, und wir dürfen sie uns einfach nicht entreißen lassen.

Aber gerade wenn wir das Wort in der Größe seiner ursprünglichen Bedeutung nehmen, wird die Frage fast unbeantwortbar, was es genau bezeichne: Zu reich und zu vielschichtig ist das darin angezielte Phänomen. Unbeschadet der Vielfalt seiner Aspekte und seiner Ebenen können wir indes sagen, es benenne einen Akt fundamentaler Zustimmung zu einem anderen, ein Ja zum Adressaten der Liebe: Gut, dass es dich gibt – so hat Josef Pieper treffend das Wesen von Liebe definiert.

Der Liebende entdeckt die Gutheit des Seins in dieser Person, ist glücklich ob ihres Daseins: sagt Ja zu diesem Dasein und bestätigt es. Noch vor jedem Gedanken an sich selbst, vor jedem Begehren steht das einfache Glücklichsein über die Existenz des Geliebten, das Ja zu diesem Du. Erst in einem zweiten Moment – nicht zeitlich, sondern sachlich – entdeckt der Liebende, dass auf diese Weise – weil die Existenz des Du gut ist – auch mein eigenes Dasein schöner, kostbarer, glücklicher geworden.

Durch das Ja zum anderen, zum Du empfange ich mein Ich neu und kann nun auch zu meinem Ich – vom Du her – auf neue Weise Ja sagen. Das Ja zum Du, die Bejahung seines Da-Seins, ist ein schöpferischer Akt, um leben zu können braucht der Mensch dieses Ja. Der Mensch kann sein Ich nur annehmen in der Kraft der Gutheißung seines Seins, die von einem anderen – vom Du – herkommt.

Entnommen aus: Joseph Kardinal Ratzinger: Auf Christus schauen. Einübung in den Glauben. Verlag Herder, Freiburg

Das Leben in die Hand nehmen

In einem Büro las ich als ermunternden Spruch das Wort von Balzac: »Die Ziege muss eben dort weiden, wo sie angebunden ist.« Die Ziege tut das Unvermeidliche, der Mensch aber, der in seiner relativen Freiheit Ja oder Nein zu sagen vermag, kann das Gegebene als Aufgabe annehmen in freier Bejahung. Darin besteht seine Würde.

Auch innerhalb seiner Beschränkung ist dem Menschen vieles erreichbar, mehr als der Träge und Resignierende wahrhaben will. Dazu bedarf es jedoch einiger Entschlusskraft, und man braucht dazu ein Konzept. Konzept heißt: Man muss wissen, was man innerhalb seiner Grenzen erreichen will, und muss mit zäher Beharrlichkeit dieses gesteckte Ziel verfolgen, auch dann, wenn Widerstände auftreten, wenn Geduld und vielleicht Umwege vonnöten sind.

Der Mensch wird nicht »von selber« Mensch; wenn sein Leben gelingen soll, muss er es unablässig in die Hand nehmen. Grundsätzlich geht es dabei um die Pflege, um die Kultivierung der inneren Welt. »Wir werden nur als Lebewesen geboren«, sagt uns der französische Philosoph Gabriel Marcel, »Menschen müssen wir erst werden.« – »Nichts ist verloren, solange einer voranstrebt«, versichert Augustin. »Der Mensch muss voranstreben, muss sein Leben so führen, dass es nach vorne offen ist – er braucht eine Zukunft!«

Entnommen aus: Georg Moser: Ich bin geborgen. Verlag Herder, Freiburg, 16. Auflage 1991

Heilmachende Güte

Der Mensch soll Gottes Liebe zum Menschen nachahmen, wie das Kind Vater und Mutter nachahmt. Es ist oft freilich schwer, uns Menschen zu lieben. Wie viel selbstverständlicher lehnen wir uns ab und lassen die ganze Unzufriedenheit – auch mit uns selbst – an anderen aus. Jeder kann uns gern haben, nur wir selbst nicht.

Dass vor Gott jeder schwach ist und sein darf, erleichtert die Bereitschaft zur Besserung und Umkehr. Schließlich darf ich dann auch vor mir selbst schwach sein und – brauche mir nichts vorzumachen. Wer weiß, dass er seinem Schöpfer ein einmalig wertvolles Werk ist – kann sich selbst auch nicht als wertlos und sinnlos erfahren.

Wer sich aber von nichts und niemandem gehalten und getragen weiß, kann

schwerlich auch noch mit der Last der eigenen Schuld zurechtkommen. Vielleicht ist dies das Problem, an dem wir am ehesten scheitern: Wir halten nichts von Gottes heilmachender Güte! Man achte nur einmal darauf: Wie leicht einem die Rede vom Gegenteil, von der »Strafe Gottes« über die Lippen geht. Eigenartigerweise: Wir wissen immer ziemlich genau, wann und wofür einen die »Strafe Gottes« ereilt hat oder ereilen wird.
Schuldvergebung ist täglich erfahrbare Erlösung, im zwischenmenschlichen Bereich wie im göttlich-menschlichen. Das erst macht uns für uns selbst tragbar und erträglich, auch gegenüber dem, der an uns schuldig geworden und auf unser Verzeihen angewiesen ist.
»Verzeihen ja – vergessen nie!« Diese Redewendung ist allseits bekannt. Wer aber nicht so verzeiht, dass das an ihm begangene Unrecht in seinem Herzen auch in Vergessenheit geraten kann, wartet im Grunde genommen nur auf eine passende Gelegenheit, um sich zu rächen. Und damit beginnt alles wieder von vorne.

Entnommen aus: Herma Brandenburger: Ich bin bei euch – seid getrost. Verlag Herder, Freiburg

Die Hand am Steuer des Lebens

Freiheit lebt gerade durch die Möglichkeit des Missbrauchs. Das Gute kennt nur wirklich, wer auch das Böse erfahren, das heißt zugleich, getan hat, und lebensklug wird man nur auf dem Hintergrund von Lebensdummheiten. Wer also jungen Menschen Umwege und Fehler ersparen möchte, handelt nicht nur gegen ihr Gefühl, sondern auch gegen ihr höheres ethisches Lebensinteresse.

Das heißt nicht, dass man alle bösen Erfahrungen gemacht haben muss, sondern dass man sein Lebensfahrzeug zu steuern lernt, und das heißt zugleich auch gegensteuern, sobald Abschüssigkeit und Gefahr der eigenen Hand am Steuer des eigenen Lebens spürbar werden. Vor vielen Gefahren müssen Heranwachsende allerdings bewahrt werden: bei Rot über die Straße zu laufen, ohne Führerschein ein Motorfahrzeug zu benutzen, Drogen zu konsumieren oder Waffen zu gebrauchen etwa.

Aber diese Hinderung ist eben nicht das Beste, sondern nur eine notwendige Einschränkung und damit eine Konzession an menschliche Unvollkommenheit. Das Beste wäre in jedem Falle, Gefahren selbst zu erkennen und zu meiden, und was für das Beste erklärt wird, wenn man sagt: »Wir wollen doch nur dein Bestes«, ist allenfalls das Zweit- oder Drittbeste. Darum wäre es besser, ehrlich zuzugeben: »Ich halte es für das Beste, es so oder so zu machen.«

Mein Bestes muss ich wirklich selber finden. Dazu werde ich nach Gutdünken Erfahrungen und Wissen, Hinweise und Hilfen anderer berücksichtigen, und je selbstständiger ich bin, desto dankbarer kann ich dafür sein.

Entnommen aus: Ulrich Beer: Lebensdummheiten. *© beim Autor*

Glück

Wir sprechen vom Zufallsglück, wenn uns etwas unvorhergesehen glückt: reden von Glückssträhne, wenn das Glückhaben andauert; kennen Glücks-Tränen, wenn das Glück sich bis zur Glückseligkeit steigert. Eine wichtige Rolle spielen die Glückwünsche, die wir füreinander haben, die wir an besonderen Tagen aussprechen oder per Telegramm und Telefon einander übermitteln. Wir laufen durch die Wiese und suchen den Glücksklee, lesen beim Friseur das Horoskop. Auch wenn wir solchem Aberglauben nicht hold sind, spielen wir dennoch gern mit Glückshoffnungen und Glücksträumen um eine Prise Glück. Glück muss der Mensch haben. Wir sagen das keineswegs immer missgünstig, sondern auch wie eine heimliche Glücksbotschaft zu uns selber, und hoffen auf einen Glücksboten für kommende Glücksjahre …

Eine weitere Eigenschaft des Glücks ist sein Aufforderungscharakter. Es fällt einem nicht nur zu, es will auch entdeckt werden. Wir können kreativ die Möglichkeiten des Glücks erkennen und es »halten«, können unsere Chancen wahrnehmen oder sie vertun. Das Glück hat Augenblickscharakter, es kann uns näher oder ferner sein, es kommt und geht vorüber. Es ist der Glückscharakter des Kairós: der günstigen Zeit, der einmaligen Gelegenheit. Deshalb kann es für unser Glück auch einmal zu spät sein: Wir kommen zu spät, wir gehen zu spät, wir entscheiden uns zu spät, wir handeln zu spät. Oft wissen wir erst im Nachhinein – um das versäumte Glück.

Entnommen aus: Theresia Hauser: Tag für Tag mein Leben. Kösel Verlag, München 1986

Gott ist uns nicht fern

Man fühlt sich verlassen, man wünscht sich, dass jemand »mit menschlichem Herz« einen liebt, man verlangt nach Begegnung, nach Zweisamkeit, nach Liebe. Darin, in der letzten Tiefe dieses Verlangens, strebt man nach Gott. Oder: Man erfährt die eigene Unerfülltheit in ihren zahlreichen Formen. Als Langeweile, als Traurigkeit, als Unzufriedenheit. Man erlebt die langen Stunden der Monotonie, der Arbeit, die jedermann als selbstverständlich findet, die bitteren Mühen, für die niemand dankt, die Enttäuschungen, die unerfüllten Wünsche, die Reibungen des täglichen Zusammenlebens.

Jeder von uns erlebt sich als zutiefst unerfüllt. Aber die menschliche Unerfülltheit ist bereits Gegenwart Gottes in unserer Seele. Wir sind unerfüllt,

weil wir unendlich mehr wollen, erfühlen, erahnen und ersehnen als unser kleines, ja, im Grunde kleinliches Leben.
Wir aber schämen uns, weil wir das Glück ohne Grenzen in uns tragen und dann unser Herz so kalt und lieblos sein kann. Wir haben die hohle Selbsttäuschung unseres Daseins entdeckt. Wir wissen wohl, mit welchem Elan des Geistes wir angefangen haben, uns selbstlos hinzugeben, und jetzt sehen wir, dass wir in all dem nur uns selbst gesucht haben. In der Tiefe dieser Beschämung tritt uns einer entgegen, der das Verlangen nach reiner Liebe in unsere kleinlichen Herzen gelegt hat: Gott.
Und so könnte man fortfahren. In jedem ehrlich-menschlichen Akt unserer Existenz werden wir Gott entdecken. Befragen wir unser Glück, unsere Traurigkeit, unsere Liebe, die eigene Unvollkommenheit, die Empfindungen der Sehnsucht und des Verlangens, befragen wir unsere alltägliche Treue, die kleinste Pflichterfüllung. Überall, in einer geheimnisvollen Tiefe, kommt uns Gott entgegen. Er ist gar nicht fern von uns.

Entnommen aus: Ladislaus Boros: Der nahe Gott. © Matthias-Grünewald-Verlag, Mainz 1991

Die kleinen Dinge

Der Mensch muss die Welt ernst nehmen, um in ihr den Sinn seines Lebens zu erkennen und seinen Auftrag zu erfüllen. Dies bedeutet für den Einzelnen: die Bereitschaft, in persönlicher Verantwortung und mit innerer Anteilnahme an alle Dinge heranzugehen, die seine Umwelt, und mag sie noch so klein sein, ihm nahe bringt. Es kommt auf den Alltag der kleinen Dinge an – zu deren Bewältigung viel Geduld, Mühe und Bereitschaft notwendig sind.

In allem Tun kann Gott gegenwärtig sein. Der französische Philosoph Blaise Pascal schreibt: »Wie ein jegliches Ding von Gott redet zu dem, der ihn kennt, und ihn offenbart denen, die ihn lieben, so verbergen ihn dieselben Dinge allen, die ihn nicht kennen.« Und von Bruder Laurentius, einem Mönch aus dem 17. Jahrhundert, der im Kloster niedrige Küchendienste tat, ist der Satz überliefert: »Ich bin mit Gott mehr vereinigt in meinen persönlichen Geschäften, als wenn ich mich von ihnen zur Andacht zurückziehe.« So viel er auch zu arbeiten hatte, niemals handelte er mit Hast oder Unruhe. Jeder Sache gab er die Zeit, die ihr gebührte. Er arbeitete ohne Langsamkeit, aber auch ohne Überstürzung und bewahrte stets dieselbe Ausgeglichenheit und den inneren Frieden.

Er weist auf etwas sehr Wichtiges hin – auf die Arbeit ohne Hast und Unruhe. Wir sollten in unserem Tun einen Rhythmus bewahren, der vom Beginn zum Höhepunkt einer Leistung führt und dann wieder abklingt und ausschwingt. Es muss hierbei, wie beim Ein- und Ausatmen, mehr Gewicht auf das Ausklingen und Entspannen gelegt werden, denn den Beginn unterstützt der Impuls und die noch unverbrauchte Aktivität. Das Abspannen aber ist schwieriger im Rhythmus durch- und auszutragen!

Entnommen aus: Ursula von Mangoldt: Den Alltag bewältigen, Lebensmut gewinnen. Verlag Herder, Freiburg